Peter Liennart

Oststeiermark

Natur und Kultur erleben!

Peter Lienhart, geboren 1978 in Graz. Studium der Geographie und Geschichte (Lehramt) an der Karl-Franzens-Universität Graz. Lehrer und begeisterter Fotograf in den Bereichen Natur, Architektur und Sport.

Peter Lienhart

Oststeiermark

Natur und Kultur erleben!

Der Text und alle Abbildungen stammen vom Autor. Alle Fotos wurden in einem Zeitraum von zwei Jahren mit einer digitalen Spiegelreflexkamera und verschiedenen Objektiven aufgenommen. Da die Bilder nicht nachträglich bearbeitet oder verändert wurden geben sie unverfälscht die Schönheit der Oststeiermark wieder. Der Leser bzw. die Leserin kann somit bei passendem Wetter die selben landschaftlichen Eindrücke genießen, welche der Autor bei seinen Erhebungsfahrten gemacht hat.

Copyright 2009 Peter Lienhart

Herstellung und Verlag: Books on Demand GmbH, Norderstedt

ISBN-13: 9783837055092

Inhaltsverzeichnis

Oststeiermark

Die Oststeiermark weist eine abwechslungsreiche Landschaft auf. Im Norden reicht der Höhenzug des Hochwechsel auf über 1700 Meter Seehöhe. Die breiten Flusstäler der Lafnitz und Raab zeigen teilweise noch ursprüngliche Flussabschnitte. In Nord-Süd-Richtung verlaufende langgestreckte Hügel (Riedel) prägen des weiteren die Landschaft der Oststeiermark. Reste ehemaliger Vulkane (Burgberg Riegersburg, Stradner- und Gleichenberger Kogel, etc.) sind von weitem sichtbar.

In den 1980er Jahren bohrte man im Gebiet der Oststeiermark nach Erdöl, fand jedoch „nur" heißes Wasser. Damals war man vorerst enttäuscht. Heute ziehen die Thermen von Bad Radkersburg, Bad Gleichenberg, Loipersdorf, Bad Blumau, Bad Waltersdorf und Sebersdorf jährlich tausende Besucher an und beleben den Tourismus entscheidend.

Seit dem Mittelalter entstanden in der Oststeiermark zahlreiche Burgen und Schlösser zum Schutz vor einfallenden Völkern aus dem Osten. Besonders die Ortschaften, des nach Osten offenen, Raabtales wurden mehrmals verwüstet und in Brand gesteckt.

Die Oststeirischen Städte Bad Radkersburg, Feldbach, Fürstenfeld und Hartberg sind wegen ihrer schönen Altstädte sehenswert.

Neben der vorherrschenden Landwirtschaft versucht man heute vermehrt den Tourismus in der Oststeiermark zu etablieren. Derartige Initiativen sind die Schlösserstrasse, das Steirische Thermenland, das Vulkanland, die Südoststeirische Hügellandweinstrasse, die Klöcherweinstrasse, die Thermenlandweinstrasse, die Oststeirische Römerweinstrasse und die Apfelstrasse.

Dieses Buch zeigt ihnen nicht nur die üblichen Sehenswürdigkeiten (Riegersburg, Schloss Herberstein, etc.), sondern auch weniger bekannte und teils kuriose Ausflugsziele.

Aussichtswarte am Kleeberg südwestlich von Gleisdorf

Kirchberg a. d. Raab

Oben und Unten: Schloss Kirchberg

Oben: Blick vom Friedhof auf das nördlich gelegene Pischelsdorf
Unten: Friedhofskirche

Oben: Austrojanisches Pferd
Unten: Hinweistafel

Raabklamm

Oben und Unten: Raabklamm

Oben und Unten: Pflanzenvielfalt entlang der Raabklamm

13

Kulm

Oben und Unten: Freilichtmuseum Keltendorf

Freilichtmuseum Keltendorf

Oben: Blick vom Gipfelbereich des Kulm Richtung Westen auf Weiz
Unten: Kreuzweg am Gipfelbereich des Kulm

Marienstatue am Gipfel des Kulm

Oben und Unten: Tierpark Herberstein

Oben und Unten: Tierpark Herberstein

Oben und Unten: Schloss Herberstein

Oben und Unten: Gärten im Schlosspark Herberstein

Oben und Unten: Gironcoli Museum

Oben und Unten: Gironcoli Museum

Oben und Unten: Schloss Stubenberg

Schilleiten

Oben und Unten: Schloss Schilleiten

Oben: Blick vom Hauptplatz zur Stiftskirche
Unten: Deckengemälde im Inneren der Stiftskirche

Blick auf die kleine Kuppel der Stiftskirche

Wallfahrtskirche Pöllauberg

Eichberg

Oben und Unten: Schloss Aichberg

Eisenbahnbrücke nördlich von Rohrbach a. d. Lafnitz

Oben und Unten: Pfarrkirche Pinggau

Oben und Unten: Stift Vorau

Im Inneren der Stiftskirche

Schölbinger Turm

Oben: Rathaus
Unten: Apotheke

Karner

Karner von Innen

Oben: Schloss Neudau
Unten: Schloss Burgau

Oben und Unten: Therme Bad Blumau

Oben: Bauernhof
Unten: 1000 Jährige Eiche im Frühjahr

1000 Jährige Eiche

Oben und Unten: Museum in der Pfeilburg

Oben: Pfeilburg
Unten: Ehemalige Tabakfabrik

Oben: Blick nach Norden auf den Vulkankegel der Riegersburg
Unten: Blick von der Burgmauer auf den Ort

Oben: Riegersburg mit Burggraben
Unten: Blick über die Weingärten zur Burg

Oben und Unten: Riegersburg im Winter

Kornberg

Oben: Schloss Kornberg
Unten: Innenhof des Schlosses

Oben: Villa Hold
Unten: Tabor

Oben und Unten: Schloss Hainfeld in Leitersdorf

Oben: Historische Kellergasse am Kuruzzenkogel
Unten: Blick über die Weingärten des Kuruzzenkogel

Oben und Unten: Altes Presshaus am Kuruzzenkogel

Weinberg a. d. Raab

Oben: Kleines Kraftwerk in Weinberg an der Raab
Unten: Flussabschnitt der Raab bei Weinberg an der Raab

Hohenbrugg

Oben: Schloss Hohenbrugg
Unten: Glockenturm

Kapfenstein

Oben: Blick auf Kirche und Schloss
Unten: Weinberg mit kleiner Kapelle

Blick Richtung Süden über den Weingarten auf Schloss Kapfenstein

Oben und Unten: Sauriermodelle im Styrassic Park

Oben und Unten: Sauriermodelle im Styrassic Park

Klöch

Oben: Blick auf den Klöcher Weinberg
Unten: Blick vom Weinberg Richtung Süden

Oben und Unten: Am Klöcher Weinberg

Oben und Unten: Schloss Halbenrain

Oben: Altstadt
Unten: Ehemalige Kapuzinerklosterkirche

Evangelische Pfarrkirche

Oben: Blick auf Straden
Unten: Römerzeitliche Hügelgräber bei Ratschendorf

Weinwarte bei St. Peter am Ottersbach

Oben: Blick von der Weinwarte Richtung Nordwesten
Unten: Blick von der Weinwarte Richtung Nordosten

Weinburg am Saßbach

Oben und Unten: Schloss Brunnsee bei Weinburg am Saßbach

Oben und Unten: Schloss Weinburg

Mureck

Oben und Unten: Murecker Schiffsmühle

Oststeiermark / 100 sehenswerte Orte

Ort	Lage	Sehenswertes	Internet
Allerheiligen bei Wildon	21 km südöstlich von Graz	- Joseph Krainer Gedenkstätte - Schloss Herbersdorf - Pfarrkirche	www.allerheiligen -wildon.at
Altenmarkt bei Fürstenfeld	2 km nordwestlich von Fürstenfeld	- Sagenpfad - Museum	www.altenmarkt -fuerstenfeld .steiermark.at
Anger	14 km nordöstlich von Weiz	- Pfarrkirche - Burgruine Waxenegg - Kulm - Keltendorf	www.anger.st
Arzberg	15 km nordwestlich von Weiz	- Schaubergwerk - Montanlehrpfad - Raabklamm	www.arzberg.at
Auersbach	9 km nordwestlich von Feldbach	- Sternwarte - Susis Garten - Kreuzweg der besonderen Art	www.auersbach. info
Bad Blumau	7 km nördlich von Fürstenfeld	- 1000 jährige Eiche - Waldgrotte - Dorfmuseum - Thermenpark	www.bad-blumau .steiermark.at
Bad Gleichenberg	10 km südlich von Feldbach	- Styrassic Park - Kurpark	www.bad- gleichenberg. steiermark.at
Bad Radkersburg	85 km südöstlich von Graz	- Kulturzentrum - Altstadt	www.badradkers burg.at
Bad Waltersdorf	13 km südlich von Hartberg	- Museum - Kulturhaus - Pfarre	www.badwalters dorf.eu
Birkfeld	25 km nordöstlich von Weiz	- Pfarrkirche - Feistritztalbahn	www.birkfeld.at
Buch-Geiselsdorf	7 km südlich von Hartberg	- Weinbau	www.buch- geiselsdorf.at
Deutsch-Goritz	16 km nordwestlich von Bad Radkersburg	- Pfarrkirche	www.deutsch- goritz.at

Ort	Lage	Sehenswertes	Internet
Ebersdorf	13 km südlich von Hartberg	- Pfarrkirche	www.ebersdorf.eu
Edelsbach bei Feldbach	8 km nordwestlich von Feldbach	- Weltmaschine - Brückenmuseum - Bienengarten	www.edelsbach.at
Eggersdorf	15 km nordöstlich von Graz	- Pfarrkirche	www.eggersdorf-graz.at
Eichberg	17 km nördlich von Hartberg	- Schloss Aichberg - Pfarrkirche	www.eichberg.at
Eichkögl	14 km südöstlich von Gleisdorf	- Wallfahrtskirche	www.eichkoegl.at
Fehring	8 km östlich von Feldbach	- Kellerstöckl - Gerberhaus	www.fehring.at
Feistritz bei Anger	12 km nordöstlich von Weiz	- St. Ulrichs Kirche - Schloss Külml - Austrojanisches Pferd - Bauernmuseum	www.feistritz-anger.at
Feldbach	51 km südöstlich von Graz	- Tabor mit Museum - Villa Hold - Alte Pfarrkirche	www.feldbach-stadt.at
Fernitz	8 km südlich von Graz	- Kirche - Hauptplatz	www.fernitz.steiermark.at
Friedberg	24 km nordöstlich von Hartberg	- Thonet Museum - Stadtkern - Stadtpfarrkirche - Stadttor beim Steg	www.friedberg.at
Fürstenfeld	58 km östlich von Graz	- Ungarbastei - Pfeilburg - Tabakfabrik	www.fuerstenfeld.at
Gabersdorf	35 km südlich von Graz	- Kirche - Leonhard Bründl	www.gabersdorf.at

Ort	Lage	Sehenswertes	Internet
Gleisdorf	25 km östlich von Graz	- Museum im Rathaus - Forum Kloster - Straße d. Solarenergie	www.gleisdorf.at
Gnas	13 km südwestlich von Feldbach	- Pfarrkirche - Kaskögerlweg	www.gnas.at
Gosdorf	18 km westlich von Bad Radkersburg	- Bahnhof - Denkmal „Otto v. Bismarck" - Kapelle	www.gosdorf.at
Grafendorf bei Hartberg	8 km nördlich von Hartberg	- 3 Schlösser Wanderweg	www.grafendorf -hartberg. steiermark.at
Großsteinbach	20 km nordwestlich von Fürstenfeld	- Schachblume - Flussfischen - Zeitgarten	www.grossstein bach.steiermark .at
Großwilfersdorf	7 km westlich von Fürstenfeld	- Indianerdorf - Kriegerdenkmal - Pfarrkirche	www.großwilfers dorf.steiermark.at
Halbenrain	6 km nordwestlich von Bad Radkersburg	- Schloss - Kräutergarten im Schlosspark - Pfarrkirche	www.halbenrain. gv.at
Hartberg	58 km nordöstlich von Graz	- Kapuzinerkloster - Peckturm - Schloss - Rathaus - Schölbinger Turm	www.hartberg.at
Hatzendorf	12 km nordöstlich von Feldbach	- Kunst-Panorama-Weg - Berghofermühle - Schnappsbrennerei	www.hatzendorf. info
Hausmannstätten	11 km südlich von Graz	- Pfarrkirche	www.hausmann staetten.at
Heiligenkreuz am Waasen	19 km südöstlich von Graz	- Pfarrkirche - Kalvarienbergkirche	www.heiligen kreuz-waasen. steiermark.at
Hohenbrugg	12 km östlich von Feldbach	- Weinberg	www.hohenbrugg -weinberg. steiermark.at

Ort	Lage	Sehenswertes	Internet
Hohenau a. d. Raab	20 km nordwestlich von Weiz	- Hohenauer Ochsenhalt	www.hohenau.info
Ilz	18 km östlich von Gleisdorf	- Pfarrkirche	www.ilz.steiermark.at
Ilztal	8 km nordöstlich von Gleisdorf	- Weinbau	www.ilztal.steiermark.at
Jagerberg	38 km südöstlich von Graz	- Natur- schwimmbad - Obstbau	www.jagerberg.info
Kaindorf	9 km südwestlich von Hartberg	- Frauenhöhlen - Wildgehege - Bienenlehrpfad - Vogelpark - Pfarrkirche	www.markt-kaindorf.at
Kapfenstein	14 km südöstlich von Feldbach	- Geotrail - Schloss - Kirche	www.kapfenstein.com
Kirchbach i. d. Steiermark	28 km südöstlich von Graz	- Pfarrkirche	www.kirchbach.at
Kirchberg a. d. Raab	17 km südlich von Gleisdorf	- Schloss - Kirche - Teiche	www.kirchberg-raab.at
Klöch	11 km nördlich von Bad Radkersburg	- Burgruine - Weinbaumuseum - Pfarrkirche	www.kloech-online.at
Koglhof	18 km nördlich von weiz	- Schloss - Feistritztalbahn - Kirche	www.koglhof.at
Kornberg	3 km nördlich von Feldbach	- Schloss - Brechlhütte - Haus der Region	www.kornberg.info
Krottendorf	3 km südöstlich von Weiz	- Kirche	www.krottendorf.info

Ort	Lage	Sehenswertes	Internet
Kulm	17 km östlich von Weiz	- Keltendorf - Kulm Kreuzweg	www.kulm-weiz.steiermark.at
Kumberg	19 km nordöstlich von Graz	- Schöckl	www.kumberg.at
Lassnitzhöhe	15 km östlich von Graz	- Pfarrkirche	www.lassnitzhoehe.gv.at
Loipersdorf bei Fürstenfeld	5 km südöstlich von Fürstenfeld	- Pfarrkirche	http://gemeinde.loipersdorf.at
Mellach	18 km südlich von Graz	- Schloss Herbersdorf	www.mellach.steiermark.at
Mettersdorf am Saßbach	32 km nordwestlich von Bad Radkersburg	- Ursulaquelle	http://mettersdorf-sassbach.gv.at
Mitterdorf a. d. Raab	6 km südwestlich von Weiz	- Raabklamm - Schloss Stadl	www.mitterdorf-raab.at
Mönichwald	26 km nordwestlich von Hartberg	- Festenburg - Hochwechsel - Badesee	www.moenichwald.steiermark.at
Mortantsch	4 km westlich von Weiz	- Raabklamm	www.mortantsch.info
Mureck	64 km südöstlich von Graz	- Schiffsmühle - Murauen - Rathaus - Stadtpfarrkirche - Stadtmuseum	www.mureck.gv.at
Nestelbach Bei Graz	12 km östlich von Graz	- Pfarrkirche	www.nestelbach-graz.at
Paldau	9 km westlich von Feldbach	- Pfarrkirche - Heiliges Bründl - Sebastian Kirche	www.paldau.at

Ort	Lage	Sehenswertes	Internet
Pinggau	27 km nordöstlich von Hartberg	- Pfarrkirche - Natursee	www.pinggau.at
Pirching am Traubenberg	20 km südöstlich von Graz	- Stiefingtalradweg	www.pirching-traubenberg.gv.at
Pischelsdorf	13 km nordöstlich von Gleisdorf	- Kulturstock 3 - Pfarrkirche - Friedhofskirche - Frauensäule - Landschaftsmuseum - Kneippanlage	www.pischelsdorf.steiermark.at
Pöllau	14 km nordwestlich von Hartberg	- Stiftskirche St. Veit - Naturpark	www.naturpark-poellauertal.at
Pöllauberg	20 km nordwestlich von Hartberg	- Wallfahrtskirche	www.poellauberg.steiermark.at
Prebuch	7 km nördlich von Gleisdorf	- Obstbau	www.albersdorf.at
Puch bei Weiz	12 km östlich von weiz	- Pfarrkirche - Steir. Apfelstraße - Ballonfahrten	www.puch-weiz.at
Ratschendorf	18 km nordwestlich von Bad Radkersburg	- Römerzeitl. Museum - Kamel- und Lamahof - Alte Öhlmühle	www.ratschendorf.at
Ratten	41 km nördlich von Weiz	- Freizeitsee - Montanlehrpfad	http://ratten-steiermark.at
Riegersburg	9 km nördlich von Feldbach	- Riegersburg - Pfarrkirche - Schokomanufaktur Zotter	www.riegersburg.gv.at
Rollsdorf	6 km südöstlich von Weiz	- Franziskuskapelle	www.etzersdorf-rollsdorf.at
Sebersdorf	13 km südlich von Hartberg	- Schloss Obermayerh. - Hist. Feuerwehrhaus - Aussichtswarte	www.sebersdorf.com

Ort	Lage	Sehenswertes	Internet
Sinabelkirchen	12 km östlich von Gleisdorf	- Pfarrkirche - Sport- u. Kulturhalle	www.sinabelkirchen.com
Söchau	9 km südwestlich von Fürstenfeld	- Kräuter-Rosengarten	www.söchau.steiermark.at
St. Anna am Aigen	23 km südöstlich von Feldbach	- Weinweg der Sinne - Motorradmuseum	www.st-anna.at
St. Georgen a. d. Stiefing	25 km südöstlich von Graz	- Pfarrkirche - Obstbau - Rundwanderweg	www.st-georgen-stiefing.at
St. Jakob im Walde	46 km nordöstlich von Weiz	- Kräftereich	www.st-jakob-walde.steiermark.at
St. Lorenzen am Wechsel	27 km nördlich von Hartberg	- Freizeitzentrum Römerhütte - Pfarrkirche	www.st-lorenzen-wechsel.steiermark.at
St. Magdalena am Lemberg	10 km südlich von Hartberg	- Heimatmuseum - Kutschenfahrt	www.st-magdalena-lemberg.steiermark.at
St. Marein bei Graz	20 km östlich von Graz	- Farmersgolf - Lilienbad - Pfarrkirche	www.stmareinbeigraz.at
St. Margarethen a. d. Raab	10 km südlich von Gleisdorf	- Aussichtsturm Kleeberg - Kirche - Hierzerteich	www.st-margarethen-raab.at
St. Peter am Ottersbach	27 km nordwestlich von Bad Radkersburg	- Weinwarte - Rosengarten - Traktormuseum - Museum im Rossstall	www.peter-weindorf.at
St. Ruprecht a. d. Raab	7 km nordwestlich von Gleisdorf	- Barockkirche - Wallfahrtskirche - Friedensgrotte	www.ruprecht.at
St. Stefan im Rosental	33 km südöstlich von Graz	- Pfarrkirche - Rosenhalle - Elem. Erlebniswelt.	www.rosental.at

Ort	Lage	Sehenswertes	Internet
St. Ulrich am Waasen	15 km südöstlich von Graz	- Gemeindehaus - Schloss Waasen	www.st-ulrich-waasen.steiermark.at
St. Veit am Vogau	51 km südlich von Graz	- Veitskirche - 200 jähriger Weinkeller - Weingassl	www.st-veit-vogau.gv.at
Straden	22 km südlich von Feldbach	- Vier Kirchen - Museum Straden - Kulturhaus	www.straden.gv.at
Strallegg	23 km nördlich von Weiz	- Aussichtswarte Wildwiese	www.strallegg.at
Stubenberg	24 km nordöstlich von Gleisdorf	- Schloss Stubenberg - Schloss Schilleiten - Schloss Herberstein - Tierpark Herberstein - Gironcoli Museum	www.stubenberg.at
Thannhausen	3 km östlich von Weiz	- Schloss Thannhausen - Richtstätte „Galgenwald" - Naherholungsgebiet	www.thannhausen.at
Tieschen	13 km nördlich von Bad Radkersburg	- Basaltspalte - Weinlehrpfad	www.tieschen.gv.at
Unterlamm	11 km südlich von Fürstenfeld	- Erlebnisweg der Sinne - Landgerichtsstein - Schwarzpappel	www.unterlamm.at
Vasoldsberg	10 km östlich von Graz	- Schloss Klingenstein	www.huegelland.at
Vorau	26 km nordwestlich von Hartberg	- Stift Vorau	http://vorau.istsuper.com
Weinburg am Saßbach	46 km südöstlich von Graz	- Schloss - 1000 jährige Eiche - Handwerkerdörfl	www.weinburg-sassbach.at
Weinitzen	10 km nordöstlich von Graz	- Wetterturm - Hügelgräber - Niederschöckl	www.weinitzen.com

Ort	Lage	Sehenswertes	Internet
Weiz	27 km nordöstlich von Graz	- Kunsthaus - Weberhaus - Zirkusschule	www.weiz.at
Wenigzell	43 km nordöstlich von Weiz	- Barfußpark - Kraftpfad - Heimatmuseum	www.wenigzell.at
Wilfersdorf	4 km westlich von Gleisdorf	- Schloss Freiberg	www.ludersdorf-wilfersdorf. steiermark.at
Wörth a. d. Lafnitz	23 km nördlich von Fürstenfeld	- Kirche - Mariensäule	www.woerth-lafnitz .steiermark.at